HORÓSCOPO GALLO 2023

Angeline A. Rubi y Alina A. Rubi

Publicado Independientemente

Autora: Angeline A. Rubi y Alina A. Rubi

E-mail: rubiediciones29@gmail.com

Edición: Angeline A. Rubi

rubiediciones29@gmail.com

Introducción

El calendario chino es antiguo y complejo, y nunca ha sido simplificado. Muchas culturas sustituyeron el calendario Lunar por el calendario del Sol.

El calendario chino, islámico y hebreo, se rigen por las fases lunares. Es un sistema complicado ya que no solo se rigen por los ciclos lunares, sino que incluyen también el ciclo solar, el de Júpiter y Saturno.

Los chinos consideran que la energía universal está regida por el equilibrio. El concepto de Yin y Yang es el más importante dentro de ese equilibrio. Yin es opuesto a Yang y viceversa, pero juntos alcanzan el equilibrio total. Esta energía la podemos encontrar en todo lo que existe, lo tangible y lo intangible.

El simbol del Ying/Yang se divide en dos mitades, una es negra (Yin) y la otra blanca (Yang). Ambas partes están unidas en el medio por una elipse que las enlaza constituyendo una curva. Sus colores, negro y blanco significan que existe la dualidad, y que para que subsista una, innegablemente tiene que existir la otra. Dentro del Yin hay un círculo Yang, que simboliza que la oscuridad siempre requiere de la luz. Dentro del Yang encontramos un círculo Yin, indicándonos que dentro de la luz siempre encontraremos oscuridad.

La elipse que los une significa que todo fluye, se transforma y evoluciona. Si existe un desbalance de cualquiera de estas dos energías, Yin o Yang, nuestra vida no está equilibrada, ya que juntas se fortalecen. Nunca debemos pensar que una energía es superior a la otra, ambas deben concurrir equitativamente.

Desafortunadamente en nuestra sociedad existe una tendencia a favorecer la energía Yang, pensando que sus características son las más significativas. Al hacer esto creamos una división entre el plano espiritual y material, pues al reducir el valor de la energía Yin somo menos reflexivos pensando que la susceptibilidad es algo negativo, pues implica fragilidad.

Lo mismo sucede con la oscuridad, no solo la evitamos, sino que tenemos miedo de ella. Ambas energías son importantes. Solo podemos ser seres espirituales cuando hay un equilibrio entre el Yin y Yang porque no solo eres luz, sino también oscuridad. Es un error valorar y privilegiar lo fuerte, o la acción. Debemos apreciar y valorar lo femenino, y la sensibilidad, ya que solo de esa forma podremos alcanzar el verdadero equilibrio de nuestro ser, desde una posición de amor y firmeza.

En los signos del zodiaco chino están presentes la energía Yin y Yang, y ellas son las que estipularán las características de cada animal, y los elementos asociados a estos.

La energía Yin se vincula a lo oscuro, frío, femenino, la abstracción, lo profundo y la Luna. Los signos Yin son pensativos, sensitivos, y curiosos. Ellos son el Buey, el Conejo, la Serpiente, Cabra, el Gallo y Cerdo.

La energía Yang está relacionada a la luz, lo caliente, la superficialidad, el Sol y el pensamiento lógico. Son signos impulsivos, y materialistas. Ellos son: la Rata, el Tigre, Dragón, Caballo, Mono y Perro.

Las energías Yin y Yang se relacionan con los elementos, que a la vez estarán derivándose de los años en que estos sucedan. Cada elemento posee energía Yin y Yang.

- *Los años que terminan en el número **0** su elemento es el Metal, y están relacionados a la energía Yang.*
- *Los años que terminan en el número**1** su elemento es el Metal, y están relacionados a la energía Yin.*
- *Los años que terminan en el número **2** su elemento es el Agua, y están relacionados a la energía Yang.*
- *Los años que terminan en el número **3** su elemento es el Agua, y están relacionados a la energía Yin.*
- *Los años que terminan en el número **4** su elemento es la Madera, y están relacionados a la energía Yang.*
- *Los años que terminan en el número **5** su elemento es la Madera, y están relacionados a la energía Yin.*
- *Los años que terminan en el número **6** su elemento es el Fuego, y están relacionados a la energía Yang.*
- *Los años que terminan en el número 7 su elemento es el Fuego, y están relacionados a la energía Yin.*

- *Los años que terminan en el número 8 su elemento es la Tierra. y están relacionados a la energía Yang.*
- *Los años que terminan en el número **9** su elemento es la Tierra. y están relacionados a la energía Yin.*

Origen del Horóscopo Chino

El horóscopo chino es una tradición de más de 5000 años, y está basado en los años lunares.

La leyenda cuenta que Buda llamó a todos los animales, no obstante, sólo doce asistieron a su convocatoria en el siguiente orden: la rata, el Buey, el tigre, el conejo, el dragón, la serpiente, el caballo, la cabra, el mono, el gallo, el perro y el cerdo.

Cada animal recibió como regalo un año, formándose el ciclo de doce años que utiliza la astrología china. Por ende, cada signo tiene un nombre de un animal, y a cada animal le corresponde un año.

A cada animal también se le asignó uno de los cinco elementos que se corresponden con las energías planetarias:

- *agua (Mercurio)*
- *metal (Venus)*
- *fuego (Marte)*
- *madera (Júpiter)*
- *tierra (Saturno)*

El Horóscopo chino expresa la analogía de las energías cósmicas con cada individuo. Por esa razón la energía de cada persona está representada por uno de los doce animales que forman este sistema zodiacal.

Cada animal y la energía que te corresponde está determinada por tu fecha de nacimiento. Estas energías definen tus comportamientos, y como percibes el mundo. Para los chinos estos signos simbolizan las particularidades más notables de nuestro carácter. Para entender adecuadamente el significado de los animales tenemos que verlos como símbolos espirituales.

El Horóscopo Chino no está basado en el ciclo solar, sobre el que se fundamenta el horóscopo occidental. Está basado en los ciclos de la Luna. Cada año lunar tiene doce lunas nuevas y cada doce años una decimotercera, por tanto, un año nuevo nunca coincide con la fecha del año anterior.

Los doce animales del horóscopo chino influencian en la vida, suerte y voluntad de todos los seres humanos. Estas cualidades no se manifiestan abiertamente en la vida diaria, pero siempre están presentes, actuando en forma de fuerzas ocultas.

El período chino de doce años está vinculado con el tránsito del planeta Júpiter, y cada año lunar chino en la astrología occidental se corresponde casi al tiempo de duración del tránsito de Júpiter por un signo zodiacal. Júpiter se halla siempre en el signo de la astrología occidental que tradicionalmente se corresponde con el animal del horóscopo chino.

Tu Ascendente según el Horóscopo Chino.

Juntamente con tu signo del horóscopo chino, también tienes un ascendente determinado por tu hora de nacimiento. Este animal tendrá una influencia fuerte en la imagen que proyectas hacia los demás, y en los acontecimientos de tu vida. Debes leer también el horóscopo para el animal que representa tu ascendente.

Este signo del ascendente simboliza la energía que puedes llegar a desarrollar, y las características, que, esforzándote, puedes adquirir. Esa es la razón por la cual en ocasiones tenemos diferentes atributos a los relacionados a nuestro signo.

En el horóscopo chino es muy sencillo determinar tu ascendente, el único dato que necesitas es tu hora de nacimiento.

Hora de nacimiento	***Animal ascendente***
11.00 p. m. a 12.59 a. m.	*Rata*
1.00 a. m. a 2.59 a. m.	*Buey*
3.00 a. m. a 4.59 a. m.	*Tigre*
5.00 a. m. a 6.59 a. m.	*Conejo*
7.00 a. m. a 8.59 a. m.	*Dragón*
9.00 a. m. a 10.59 a. m.	*Serpiente*
11.00 a. m. a 12.59 p. m.	*Caballo*
1.00 p. m. a 2.59 p. m.	*Cabra*
3.00 p. m. a 4.59 p. m.	*Mono*
5.00 p. m. a 6.59 p. m.	*Gallo*
7.00 p. m. a 8.59 p. m.	*Perro*
9.00 p. m. a 10. 59 p. m.	*Cerdo*

Ascendente del Gallo

Gallo ascendente rata

Nacieron de 11pm a 1 am. Son agresivos y valientes. Son egocéntricos y narcisistas.

Gallo ascendente buey

Nacieron de 1 am a 3 am. Son honestos y extrovertidos. Dicen la verdad, aunque duela, a quien sea. Son tradiciones y familiares.

Nacieron de Gallo ascendente tigre

Nacieron de 3 am a 5 am. Son muy conflictivos. Algunas veces hacen cosas sin pensar y eso los lleva a fracasar. Son precipitados.

Gallo ascendente conejo

Nacieron de 5 am a 7 am. Son tranquilos, les gusta mantener un perfil bajo en todas las situaciones. Son trabajadores.

Gallo ascendente dragón

Nacieron de 7 am a 9 am. Son egoístas y dominantes. Les gusta vengarse de quien ellos entienden le han hecho daño.

Gallo ascendente serpiente

Nacieron de 9 am a 11 am. Son analíticos y reflexivos. Siempre medita dos veces antes de dar un paso para evitar equivocarse.

Gallo ascendente caballo

Nacieron de 11 am a 1 pm. Son muy buenos amigos, pero si alguien los traiciona son muy rencorosos. Les gusta trabajar, pero también divertirse.

Gallo ascendente cabra

Nacieron de 1 pm a 3 pm. Son sensatos, y reflexivos. Nunca se meten en la vida de los demás y escogen a sus amistades con mucha cautela.

Gallo ascendente mono

Nacieron de 03 pm a 5 pm. Son muy trabajadores y responsables. Su energía es muy alta, y tienen el poder de concentrarse y lograr sus propósitos, aunque haya obstáculos en su camino.

Gallo ascendente gallo

Nacieron de 5 pm a 7 pm. Son autoritarios. Su orgullo es incomparable. Cuando quieren algo no paran hasta conseguirlo y quitan del medio a quien sea.

Gallo ascendentes del perro

Nacieron de 7 pm a 9 pm. Son muy tolerantes y empáticos. Son muy familiares y amorosos.

Gallo ascendentes del cerdo

Nacieron de 9 pm a 11 pm. Son muy discretos, y amables. Les gusta siempre ayudar a quien lo necesite, sin pedir nada a cambio.

Elemento Chino del Año 2023, el Agua

Este año le rinde tributo al agua, es decir el Yin será el elemento del año. El mismo simboliza la compasión, tranquilidad, el discernimiento y la simplicidad. El agua representa el despertar intuitivo, es una llamada a depurar nuestra conciencia. Este año se abre un portal a la meditación para que podamos encontrar la paz interior. Es una señal para abrir nuestra mente y el corazón, y será la única forma que podremos recibir lo nuevo.

La creatividad es una de las principales cualidades que caracterizan a este elemento, también la adaptabilidad. Sin agua no es posible la existencia de ningún organismo en el planeta tierra, el agua es pura y cristalina, características que reúnen los que poseen este elemento.

El elemento agua en la astrología china representa la sabiduría, y la habilidad de adaptarse a cualquier situación. El agua, por naturaleza, drena y humedece. Cala todas las fisuras, adquiere cualquier forma, es el mejor diluente y arrasa todo en su camino, destruyendo incluso las piedras.

Las personas que pertenecen a los signos del elemento agua pueden usar moderadamente las aptitudes de los demás y apartar fácilmente todos los obstáculos de su camino. No obstante, sus propósitos pueden verse dañados por su escasez de fortaleza. Los que pertenecen a este elemento son impetuosos, van al extremo de las cosas, pero también son proclives al análisis y se acomodan bien a cualquier circunstancia. Son afables, tolerantes y tienen mucha intuición lo que les permite predecir posibles sucesos.

Significado de los Elementos en el Horóscopo Chino

Metal

Las personas que nacieron en los años que terminan en 0 o 1 en el horóscopo chino están categorizadas dentro del elemento metal. El metal, materia de la que están confeccionados los escudos y las espadas, es el elemento que simboliza la firmeza, y la honestidad, pero también la severidad.

El Metal es el elemento del otoño, estación de la recolección y abundancia. Es dual como las funciones de su elemento, ya que en forma de espada liquida, y de cuchara alimenta. El Metal procede de la tierra, es dominado por el Fuego y transfigura la madera.

La personalidad de estos individuos que pertenecen al elemento metal tiene una tendencia a ser fuertemente ambivalente. Ellos se desenvuelven mejor cuando están solos ya que así no tienen que rendirle cuentas a nadie.

Son decididos, forjadores de su destino, tercos, profesionales e indiferentes a cualquier intento de compromiso. Su libertad es lo primordial, y es inútil intentar presionarlos, y mucho menos ayudarlos, porque no escuchan a nadie y no aceptan intrusiones e impedimentos. Eligen contar sólo consigo mismo, y no se dejan impresionar por nadie, ya que son poderosos y están capacitados para ejecutar grandes trabajos.

Para ellos no existen dificultades que los detengan, y aunque una situación se torne insostenible ellos resisten hasta el final. Son ambiciosos y calculadores, aman el dinero, poder y éxito, y no escatiman en los medios para alcanzar sus propósitos, aunque eso signifique romper relaciones.

Están diseñados para las carreras que les faculten expresar su elemento: joyeros, financieros, seguros de cualquier tipo, cerrajeros, mineros, cirujanos, y para cualquier contexto que les permita distinguirse de los demás. También pueden obtener éxito en profesiones conectadas con la madera o el papel. Le resultarán beneficiosas las relacionadas con el agua, las que tienen relación con la tierra pueden causarles conflictos y deben alejarse de aquellas que se relacionan con el elemento fuego.

No les interesan los sentimientos, y no se conmueven por las dificultades de los demás, hasta el punto de llegar a manipularlos si con eso pueden obtener alguna ventaja. Los que sufren las consecuencias son específicamente las personas del elemento madera, ya que los manipula y somete con agresiones frontalmente. Sin embargo, las personas del elemento agua, como son receptivas reciben un empujón efectivo que les beneficia enormemente. Los únicos que realmente pueden doblegarlos son los individuos que pertenecen al elemento Fuego, ya que dominan su insensibilidad y su severidad con una contagiosa emoción.

Físicamente puedes reconocer a una persona del elemento metal por su mirada tristona y el color anémico de su cara. Es frágil, propenso al estrés, y puede verse afectado por los cambios de temperaturas, y de una nutrición escasa. Esa es la razón por la que deben estimular su apetito, enfatizando los comidas que tengan picantes.

La estación más favorable para ellos es el Otoño, y durante la misma puede desarrollar al máximo sus potencialidades, aunque eso no significa que deba excederse, o ser testarudo. Debe usar ropas blancas, y utilizar como amuleto metales, y cuarzos blancos.

El Metal es rígido y tajante, no le teme al peligro. Es un tipo de persona independiente, que, animada por la codicia, procede con perseverancia, se concentra en el éxito, planifica por adelantado, y detesta lo espontáneo.

Una vez que adopta un camino no lo cambia. A pesar de su insensibilidad externa las personas de este elemento irradian un magnetismo que lo perciben todos con quienes se conectan. No obstante, para beneficiarse de sus habilidades, deben aprender a ser menos dogmáticos ya que esto interfiere en sus relaciones.

Las personas nacidas bajo el elemento metal deben educarse, para que puedan expresar sus emociones. Si no lo hacen sentirán que disminuyen sus energías.

Tierra

Las personas que nacieron en los años que terminan en los números 8 o 9 pertenecen al elemento tierra. A este elemento le corresponden las características de la firmeza, persistencia y fecundidad. Aunque en la astrología china, la Tierra no tiene una estación propia, se relaciona en el calendario con las últimas dos o tres semanas de las otras estaciones.

La Tierra es el elemento que representa la estabilidad, y lo tangible, pero si existe un exceso transforma a las personas en cautelosas, recelosas y testarudas, restringiendo sus iniciativas y fantasías.

La persona del elemento tierra es paciente y humilde, siempre trabaja con constancia, sin otorgarse un instante de regocijo o desorden. No se cansa nunca, y puede ser tan afanoso y materialista, como ingenuo y prudente. Su característica más incuestionable es su desánimo acentuado. Es demasiado serio, le encanta planificar y dirigir, se siente horrorizado por las casualidades, y, aunque es inteligente y tiene una memoria excepcional, le molesta mostrarse resplandeciente.

Infatigablemente reflexivo, ambicioso y angustiado, se expone de esta forma a recargar el bazo, un órgano relacionado con este elemento, y que se debilita cuando la persona tiene una mentalidad aguda.

La persona que pertenece a este elemento cimienta las relaciones personales paulatinamente, pero perdura por mucho tiempo. Es muy devoto y defensor en el amor, siempre listo a contraer y cumplir sus responsabilidades, y aunque no es demostrativo en sus emociones es un hombro con el que siempre se puede contar porque estará a tu lado en los momentos que lo necesites.

En su trabajo son serios y de carácter retraído, pero también organizados, y de confiar. Son las personas indicadas para llevar los negocios con una moralidad, austeridad y honradez a prueba de fuego. Su raciocinio los hace ser insuperables intermediarios en los problemas, contribuyendo con sus propias salidas prácticas y oportunas. Es competente para profesiones que requieran destreza, pero que no involucren tomar iniciativas, o situaciones de liderazgo.

Aunque no es una persona fácil de soportar, por lo caprichosa y nostálgica que es, y por su incompetencia de ser alegre, se conecta bien con el elemento metal, al que inculca estabilidad, y con el agua, al que logra contener y gobernar diestramente.

Usualmente tiene conflictos con el elemento madera, ya que, aunque la protege en ocasiones también la sofoca, y con el Fuego, que lo impulsa tanto como lo debilita.

El elemento tierra, se relaciona con el planeta Saturno. Debe ser muy cuidadoso con él consumo de dulces, algo que le encanta, ya que es afín con su elemento. Deben escoger siempre el dulce natural, y limitar el uso de azúcar blanca ya que esto destruye el calcio de su sistema óseo. Su otro punto débil es el sistema digestivo, que suele castigarle fuertemente, por esa razón debe conservar una dieta liviana y de cómoda digestión. Es recomendable que busque el contacto directo con la madre Tierra, caminando descalzos por la arena o en el campo.

Su color de la suerte es el amarillo, y sus cuarzos el topacio, y la citrina.

La Tierra representa la riqueza, sensatez, el materialismo, y la seguridad. Estas personas suelen ser introspectivas lo que les hace tener una gran capacidad de raciocinio. La Tierra es el recipiente de la vida y esto sella de forma imborrable a los nacidos bajo el influjo de este elemento, ya que son personas estables en quién puedes delegar.

La tierra se alimenta del fuego, generando una gran energía que calienta y funde al metal, puede llegar a someter al agua, y ser consumida por la madera.

Para sentirse bien, la persona del elemento tierra necesita seguridad material, aunque hay que destacar que es hacendoso, formal y organizado. Se le puede recriminar por ser pretensioso, pero por sus méritos ellos avanzan hacia sus metas lentamente, obteniendo resultados estables.

Fuego

Las personas que nacieron en los años que terminan en 6 o 7 se corresponden con el elemento fuego. A este elemento le pertenecen la pasión, la valentía y el liderazgo. El elemento fuego es el elemento de la estación del verano, donde todo fructifica y llega a su consumación. Está relacionado al planeta Marte, beneficioso, pero en ocasiones impulsivo. Es desmedidamente estéril y simboliza a la persona que sobresale, pero también que maltrata de los demás. Combativo, vanidoso, e irritable, la persona de este elemento pasa del enojo al júbilo desenfrenadamente.

Desde niño tiene una personalidad de líder, la ambición está presente en su vida, le gustan los peligros, la risa, el entusiasmo y el conflicto. Las dificultades en vez de amilanarlo lo incitan a proceder, y en estos casos sufren una metamorfosis violenta.

Estas personas nacieron para vencer, pero no saben admitirlo, porque no alcanzan a observarse y explotar sus energías. Geniales en el área militar, el deporte, y como jefes, ya que los demás perecen ante su carisma. Saben cómo utilizar las energías del elemento madera, utilizando su genialidad a su servicio, e induce en las personas del elemento tierra el coraje vital para seguir avanzando. Las personas del elemento agua tienden a extinguir su pasión, y las del metal los colocan a prueba con una rigidez que drena su campo energético.

El órgano más fácilmente dañado en estas personas es el corazón, existe la posibilidad de que sufran taquicardias. Además, pueden sufrir de los oídos, y el intestino. Deben usar ropas de colores vivos, entre los que prevalezca el rojo, y también usar como amuletos los cuarzos como granates y hematitas. También debe utilizar incienso y velas.

Desprendidas, apasionadas y oportunistas estas personas tan carismáticas, se comunican bien y se centran en la acción. Su egoísmo y deseos de triunfar son incalculables y sólo confían en su propios puntos de vistas. Tienden a descuidar los detalles ya que a veces son testarudas y se embarcan en metas que requieren trabajos intensos.

Las personas nacidas bajo la influencia del elemento fuego son positivas, siempre dan lo mejor y se implican en todo lo que hacen con amor y con voluntad. Sus energías sirven para sustentar a quienes están en su entorno y carecen de ella.

El fuego calienta el hogar, nos permite preparar los alimentos. Este elemento nutre la tierra a través de las cenizas, se alimenta de leña seca, es decir la madera, su calor domina el metal, es decir, lo hace flexible, y solo puede ser dominado por el agua.

Un líder siempre tiene abundancia del elemento fuego y siempre se inclina a tomar decisiones rápidas. Le atraen las ideas poco convencionales, no le teme al peligro, y siempre está en movimiento. Es importante que aprenda a tener inteligencia emocional, porque la arrogancia puede fortalecer su egoísmo y hacer que sea incontrolable, específicamente cuando tropieza con obstáculos. Este estilo autodestructivo es principalmente sobresaliente en la juventud.

El éxito acompaña a las personas del elemento fuego, pero ellos deben tener mucha cautela con la inestabilidad y la inquietud, que son las insuficiencias más usuales de los nacidos bajo el fuego. Es mejor dominar estos defectos, para no ser esclavizados por ellos. Deben buscar un lugar tranquilo donde puedan estar en paz, y la meditación también les aportará equilibrio.

Las personas del elemento fuego son tenaces, y lucrativas.

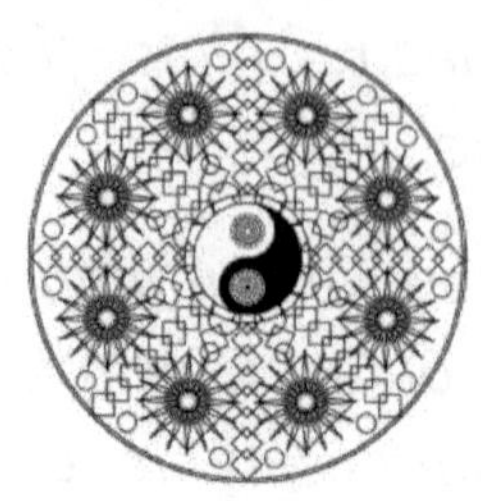

Madera

Las personas que nacieron en los años que terminan en los números 4 o 5 pertenecen al elemento madera. La madera es el elemento que simboliza la armonía, belleza, y creatividad. Tienen un grado de confianza en sí mismas muy alto, y una voluntad de hierro, lo cual las convierte en las personas apropiadas a la hora de luchar por una causa justa.

La madera se relaciona con el planeta Júpiter, es el más beneficioso de los elementos, símbolo de permanencia y conocimientos. Adaptable, se dobla cómodamente, y tiene múltiples usos, caracterizando a las personas comunicativas, dadivosas y honestas.

Las personas del elemento madera, son creativas, y vitales, pero algunas veces son dispersas e incapaces de encontrar su camino y cumplir sus propósitos. Confían en los demás hasta la inocencia, y les gusta codearse con todo el mundo, descubrir siempre cosas nuevas para divulgar y satisfacerse. Le atraen la naturaleza, y los niños, y le da prioridad a la familia.

Ocasionalmente tiende a tener expectativas imposibles, y tienen la costumbre de menospreciar su cuerpo, se excede con las comidas y se deja envolver por la pasión y la sensualidad. Acostumbran a elegir parejas del elemento agua, de quienes absorben audacia y apoyo, y de los de fuego, a los que benefician suministrándoles sus ideas brillantes.
No se lleva muy bien con el elemento metal, que lo arruinan sin clemencia.

El elemento Madera se reconoce por el color verdoso. Estas personas deben cuidarse los ojos.

Con la madera se construyen refugios, por eso nos protege. La madera coincide con la creatividad del agua, y gracias a esa cualidad entienden y ayudan a los demás.

Los nacidos bajo el elemento madera tienen conflictos internos para someterse a las reglas y tradiciones donde el criterio severo está constantemente vigente. Este elemento nutre el agua y, a la vez, es combustible para el fuego. Su energía la aspira la tierra, y es subyugada por el metal.

La personas del elemento madera siempre obtienen grandes triunfos, y tienen una estructura codiciada. Sus vocaciones son versátiles. Ellos le conceden mucha importancia a la integridad, esforzándose por encontrar un lugar permanente en la vida. Creer en el éxito, y su capacidad de análisis le dan la coyuntura de afrontar los problemas más complejos sin titubear. Con un poder de convencimiento increíble, funcionan en muchas áreas, ya que siempre tienen como propósito el desarrollo y la transformación.

Su voluntad natural los ayuda a avanzar, y siempre encuentran respaldo y el capital necesario, ya que las otras personas cuentan con su capacidad para transformar ideas en riqueza.

Su principal obstáculo es llevar las cosas al extremo. La ira, y el coraje contenidos afectan absolutamente de forma negativa las energías de este elemento. Estar cerca de los árboles, y tocarlos equilibra el elemento madera.

En el trabajo, los individuos que pertenecen al elemento madera son ordenados, inteligentes e ingeniosos. En las actividades comerciales, son más fructíferos cuando el trabajo es en equipo, y está bien estructurado.

Ninguna área de trabajo relacionada con su elemento es desfavorable, pero las afines con el fuego pueden afectarlo en cierta medida, y las que se relacionan al metal los arruinarán.

Agua

El elemento más insensible y tenebroso, afín a el invierno, la longevidad y el planeta Mercurio, es el regente de la comunicación y de las afectos profundos.

Un individuo del elemento agua es sensible, pero hermético. Es caritativo, sentimental y frágil, odia las críticas y, por esa razón opta por actuar encubierto para resguardarse. Es cordial, elocuente y a la vez prudente, y sabe vencer los contratiempos sin presumir, con astucia, sagacidad y con perseverancia. De esta forma alcanza sus metas, indirecta y silenciosamente, dando la sensación de ser considerado y comprensivo.

Carecer de energías significa un problema para el elemento agua, si no aprende a nivelar su impotencia con la fuerza que procede de la reflexión y de la comunicación con las zonas profundas de su ser. El pánico es siempre el cordón guía de su vida dramática, a menudo vivida en la oscuridad por el temor a mostrarse y luchar.

En el plano profesional se cohíben por la competencia, sin embargo, rinden bien en lugares despejados y resguardados, como las escuelas, librerías, redacciones o cualquier lugar donde la comunicación, oral o escrita, sea el mecanismo primordial, y en compañía de colegas pacíficos que se ajusten a su personalidad, como, por ejemplo, alguien del elemento madera, con quien coincide el deseo de sabiduría, o con el metal, de quien obtiene decisión. Contrariamente no se adapta al elemento fuego, a quienes extingue y desalienta, ni a los individuos que pertenecen al elemento tierra, con quienes se siente limitado, condicionado, y obstaculizado.

El color negro, es el que les favorece, pero deben usarlo con mesura porque tiende a desanimarlos. Lo mismo sucede con los cuarzos oscuros, que atraen la suerte, como el azabache, el Ónix y la turmalina. Para sacar el mejor provecho de sus cualidades, sin llegar a los extremos, y para no dispersarse, la persona del elemento agua debe comenzar sus planes en el invierno.

En los periodos positivos las relaciones amorosas de este elemento trasmiten ternura, ecuanimidad y cautela, potenciales que les facultan conducirse con la sagacidad necesaria para remediar el origen de sus conflictos cuando aparecen.

Tienen una capacidad increíble para razonar, aunque su personalidad reservada, profunda y turbia los lleva a ser propensos a la melancolía. También presentan falta de seguridad y audacia. La creatividad es una de las principales características que representan a este elemento, también la adaptación, dulzura, piedad y simpatía. Sin agua no existieran los seres vivos en la tierra, este elemento es puro y cristalino, cualidades que tienen quienes pertenecen a este elemento.

Las personas que pertenecen a este elemento son afables y tienen un estupendo dominio sobre los demás. Tienen una intuición original, lo que les permite conquistar rápidamente. La resistencia, y la lucidez les da la oportunidad de predecir eventos.

Pueden percibir las facultades de los demás, inspirarlos de forma efectiva, pero son discretos y no dejarán que otros noten que los están utilizando.

Los abusos con el sodio o los alcaloides, y los prototipos de vida que se apartan de los estructuras comunes son muy perjudiciales para las personas nacidas bajo el elemento agua. Respetar las horas de sueño, mantener una salud mental y emocional relajada, y tener contacto con el agua restaura su armonía, y optimizan sus energías.

Los que pertenecen a un signo del elemento agua pueden tener profesiones afines con la madera y el fuego y ser exitosos, tener trabajos que se relacionen con su propio elemento, y declinar las carreras, funciones y trabajos que se relacionan con la tierra, ya que la tierra somete al agua.

Compatibilidad e Incompatibilidad

Son compatibles:

Rata – Dragón – Mono*.*

Se relacionan a través de sus personalidades que son muy activas y amistosas. Los tres son esforzados, impacientes, apasionados e intranquilos, y siempre tienen en su mente grandes aspiraciones. Están repletos de ideas, tienen la resistencia y el coraje que se requiere para ejecutarlas, aportando siempre soluciones innovadoras, inesperadas, sorprendentes y poderosas.

Tigre – Caballo – Perro*.*

Están conectados por la satisfacción que sienten cuando interactúan. Los une su pudor, dignidad, honradez y un obstinado altruismo. Perspicaces, astutos y comunicativos, aunque un poco violentos y estrictos, pelean vigorosamente contra las desigualdades, violencias e ilegalidades. Estos tres signos nunca venden su conciencia.

Buey – Serpiente – Gallo.

A estos tres signos los unen su formalidad, sensatez y la seriedad que alcanzan durante en su vida. Enérgicos, emprendedores e incansables, inflexibles en sus resoluciones, les gusta recapacitar y planificar con tranquilidad antes de obtener compromisos que lamentarían después. Su carencia es la frialdad, ya que para ellos la razón debe predominar sobre las emociones.

Conejo -Cabra -Cerdo.

Tres signos emotivos que además los une su creatividad. Instintivos, susceptibles, sensitivos y retraídos, se acomodan fácilmente a su hábitat, y como buenos aprovechados no les importa depender de los demás. Sus afirmaciones diarias siempre llevan implícitas las palabras: perfección, alianza y conformidad.

Nota: *Son enemigos contrarios los signos opuestos:*

Rata -Caballo	*Buey - Cabra*	*Tigre - Mono*
Conejo - Gallo	*Dragón -Perro*	*Serpiente - Cerdo.*

Gallo

Características

El gallo es vanidoso, pero con un corazón de oro. Presume con dignidad y se comporta a la altura de alguien que merece respeto y consideración. Es un trabajador perseverante, sigue las reglas y no le gusta mezclarse en chismes. Si hay que trabajar extra lo hace sin protestar ya que detesta dejar las cosas a la mitad. Su capacidad de abstracción y quietud los hace muy competentes para trabajos intelectuales.

Se gastan su dinero en lujos porque les gusta vivir cómodamente. Podemos decir que no son muy frugales, pero tampoco austeros. Digamos que son caprichosos.

El gallo es un buen amante en todo el sentido de la palabra. Es sentimental y espera lo mismo en retorno. Le gusta verse seductor y se cuida mucho su aspecto físico para los momentos donde se encontrará con su pareja. Dentro de sus patrones de conducta la infidelidad no tiene cabida ya que aspira encontrar a su alma gemela, alguien con quien compartir su vida.

El Gallo adora comunicarse porque de esta forma puede demostrar que está informado, y que es inteligente. Esta habilidad comprende también la escritura. Es muy jovial, perspicaz y entretenido, y le fascina contar sus aventuras.

El Gallo que manifiesta su lado negativo es interesado, burlón y belicoso. Piensa que tiene la razón siempre y no tiene seguridad en sí mismo. En ocasiones le gusta que lo adulen y padece de delirios de grandeza.

El Gallo es un gran economista de las finanzas ajenas, si por casualidad tienes problemas económicos debido a tu falta de control con el dinero, entrégale tus finanzas a el Gallo. Verás que en un abrir y cerra de ojos él te hará un cálculo rectísimo.

Si quieres interpretar a un Gallo debes admitir y razonar que el ama la polémica, y esto para él es una simple gimnasia mental. Aunque sea embarazoso, debes entender que en sus conductas no hay nada particular y perseverar afuera de la línea de combate una vez que entiendes que él tiene eternamente un arsenal para defenderse.

El Gallo cuando tienen mucho dinero será dadivoso únicamente con su familia, o quizás en algún momento que quiera ganarse la devoción de sus admiradores. Por esa razón mantén en tu mente que lo único gratis que puedes obtener de un Gallo son sus consejos.

No obstante, con todas sus faltas el Gallo, es de forma general, honesto en sus deseos de apoyar a los demás y tiene buenas intenciones en todo lo que inicia.

Con sus variadas facultades y su entusiasmo el trabajo el Gallo comenzará de muy joven y obtendrá triunfos en la vida desde temprano. Lo que verdaderamente requerirá obtener es medida en todo lo que comience. No le convence aceptar sus errores y eso lo hace herir a cualquier persona, e incluso denigrar a sus enemigos. No es conveniente minimizar sus influencias, ya que con su sentido profesional puede conseguir tremendos triunfos si se lo plantea.

El Gallo hace una pareja excelente con la Serpiente y el Buey. El Dragón hallará deleite en los objetivos futuros del Gallo. El Tigre, la Cabra, el Mono y el Cerdo serán buenos socios para el Gallo.

Dos Gallos juntos, obtendrán una legítima disputa de gallos. El Gallo siempre tendrá conflictos con la Rata y el Conejo.

La relación del Perro con el Gallo alternará entre normal y estropeada. Ellos pueden trabajar juntos, pero no están diseñados para compartir una vida familiar.

Gallos

Gallo de Metal

El Gallo de Metal tiene una mente sagaz y critica. Poseen un coraje que es envidiable, el cual les facilita enfrentarse a cualquier crisis con determinación y valentía. Esta Gallo tiene muy claro en su mente lo que es importante para él. Nunca se desvía de sus propósitos y metas.

El Gallo de Metal le gusta que lo halaguen porque él se esfuerza porque sus cualidades sean vistas por los demás. Es un excelente negociador y su sentido práctico cautiva a más de una persona.

Bajo el influjo del Metal, este Gallo se embelesa con la idea de ser importante y famoso, lucha sin cansarse por eso y su orgullo no le permite poner a un lado este objetivo. Para obtener este propósito si es necesario, son capaces de renunciar a cosas que les gustan, o dan placer, lanzándose con los ojos cerrados y sin permitir que nada, ni nadie, se interponga en su camino de ascensión.

EL Gallo de Metal posee excelente habilidades sociales, no le interesa resistir frente a las provocaciones y trabas que surgen en su camino.

Gallo de Agua

El Gallo de Agua siempre tiene una carta debajo de la manga, y la capacidad de enfrentarse y resolver cualquier conflicto o problema que se atraviese en su camino. Son modestos y compasivos con todas las personas que se cruzan en su camino, demuestran amor cuando tienen la oportunidad y son super trabajadores.

El Gallo de Agua es educado, elegante y persistente por eso siempre luchará hasta el final para obtener sus propósitos. Lo admiran por estas cualidades, además de que a ellas le agrega un sentido del humor único y verdadero.

Este Gallo, piensa clara y prácticamente. No le gusta criticar, ni juzgar a los demás. Puede ser un gran literato o un predicador con la facultad de dirigir masas de personas y empujarlas a actuar. Su talón de Aquiles está en que a veces se convierte en un robot y deja de ver los árboles por mirar el bosque.

El Gallo de Agua sabe que la vida se puede vivir con alegría, y por eso siente gratitud. Esto lo demuestra con un brillo en los ojos y una confianza única y exclusiva.

Cuando es inevitable, sienten pesimismo, pero tienen límites ya que ellos perciben que enseguida todo puede mejorar.

Gallo de Madera

El Gallo de Madera es muy sociable, chistoso y ama a su familia por encima de todas las cosas. Son muy confiados y esto algunas veces va en su contra ya que las personas malas se aprovechan de eso.

Este Gallo tiene mucha suerte para el dinero, se puede acostar sin un peso que al otro día le aparece un negocio donde se gana miles de dólares. De forma general el éxito es su aliado, incluso en momentos difíciles. Tienen un carácter bondadoso pero inquieto y son personas activas a las que no les gusta sentirse restringidas. Les importan las ideas novedosas, o los lugares donde puedan obtener mucho conocimiento.

El Gallo de Madera es muy sociable, su mentalidad es abierta, y al no ser tan obstinado, su vida es muy fácil.

Una de las características más distintivas de estos Gallos es su disposición a mantener el humor presente en cada minuto, hora y día de sus vida. Ellos pueden bromear sobre sus defectos, y cuando se sienten deprimidos, por lo general pueden encontrar diversión en la vida y divertirse con lo que poseen en ese momento. Los catalogan de ingenuos, pero realmente a menudo tienen su propia descripción de lo que es el bienestar.

Gallo de Fuego

El Gallo de Fuego le da un valor a la lealtad que no tiene comparación con nada. Ellos tienen honor y lo que prometen lo cumplen. Sus valores no son negociables, y por esa razón son lideres donde quieran que estén.

Es un detective por excelencia, tiene la capacidad de recopilar información en un abrir y cerrar de ojos y sacar conclusiones acertadas. Puede ser testarudo, y le encanta poner a todo, y a todos, bajo una lupa para analizarlos.

Debido a que por naturaleza saben negociar, son geniales cuando les confías la misión de cuidar tus intereses, ya que son super ingeniosos para alinear cuestiones financieras. Sus opiniones son atractivas, interesantes e inspiradoras. Son propensos a ser muy sinceros, y son bastantes directos cuando tienen que decirte una verdad.

Tienden a considerar los momentos de metamorfosis como recursos muy significativos para tener una mayor lucidez en relación con sus miedos más profundos durante su vida.

Gallo de Tierra

Los Gallos de Tierra son muy entusiastas y generosos. Viajar es su pasatiempo favorito, y su prestigio es algo que defienden a capa y espada. Analizan todo como si fueran científicos, y crean su propia base de datos para después actuar sin equivocarse. No se distraen en el proceso y eliminan del camino todo lo que huela a distracción de sus objetivos.

Su ejemplo es digno de seguir, y aunque lleva una vida sencilla, su trabajo es notable.

Cuando están con alguien, tienen la costumbre de leer entrelíneas la relación, ellos desean saberlo todo y, tienen una necesidad imperiosa de controlar su medio ambiente, o crear técnicas para eso. No son impacientes y tienden a planificar sus movimientos iniciales de una forma cuidadosa y curiosa, creyendo en su potencial de leer a los demás y las circunstancias que los rodean.

Si bien pueden ser poco tenaces, son decididos, y luchan hasta las últimas consecuencias para obtener lo que quieren, incluso si eso significa implicarse infatigablemente en altercados.

Predicciones 2023

Gallo

Después de tanto batallar por perseguir tus metas el Gallo comenzará a divisar el éxito en el 2023, aunque esto no significa que será un año libre de batallas.

Una de las enseñanzas más importantes que el Gallo tendrá que aprender y poner en práctica en el 2023, es aceptarse, y expresar su grandiosidad. Ese es el primer paso de una metamorfosis sustancial que lo favorecerá en todos los sentidos.

El área del amor para los Gallos será intensa en el 2023. Llega más amor para los que ya tienen pareja y romance para quienes aún están solteros. Es importante que mantengas una excelente comunicación con tu pareja pues pueden presentarse algunos desafíos en la relación. Algunos podrían empezar los planes para matrimoniarse.

Si estás soltero, no te preocupes, el amor está más cerca de lo que imaginas. Este año es ser espectacular para ti en términos de romance. Existen altas posibilidades de encontrar prospectos favorables que alegrarán tu vida. Es el año perfecto para que comiences una relación amorosa con una persona. Las relaciones que se surjan durante este año tienen grandes posibilidades de durar para siempre.

Existe la eventualidad de que continúen con solteros, pero esto no los afligirá porque tendrán la oportunidad de disfrutar muchos encuentros apasionados.

Este año viene con muchas sorpresas para aquellos Gallos que están en comprometidos y enamorados. Podrás sacar provecho de todos los cambios que se avecinan al lado de esa persona que es especial en tu vida. Los viajes estarán presentes, y juntos podrán organizar aventuras que fortificarán la relación.

Para alcanzar este objetivo debes ser más comunicativo y gentil. La paciencia es clave, y debes también evitar comportamientos violentos que pueden surgir debido a el estrés.

Algunas peleas surgirán, algo que sucede en cualquier relación, pero si esto pasara, recuerda ser paciente para que todo se resuelva positivamente. Será un año lleno de armonía, y amor los que se encuentren en una relación estable. Es muy importante que te mantengas alejado de las tentaciones para que evites poner en riesgo lo que has construido con tantos esfuerzos.

Con respecto a la economía, debes de estar alerta. Tu principal meta este año será ahorrar. Existe la posibilidad de que sufras pérdidas algunas pérdidas financieras, por eso todo lo relacionado a el dinero debe de ser una prioridad para ti. Debes esforzarte en tu trabajo, y cuidarte de las personas que te pidan dinero prestado, ya que existe la posibilidad que no te lo devuelvan.

Al final del año, el horizonte vislumbra mejor, y gracias a nuevas fuentes de ingresos disfrutarás de más libertad económica e invertir en proyectos que siempre has fantaseado. Piensa bien las decisiones que vas a hacer. No obstante que debas ser metódico, hay oportunidades listas para irrumpir en tu vida.

Necesitas estar al tanto de tu salud, principalmente de Marzo a Junio. Si te descuidas puedes provocar problemas en tu salud. De forma general tu vitalidad física es buena. Trata de hacer ejercicios porque mantenerte activo te llenará de energía y alejará de ti las malas vibraciones.

Si padeces de alguna enfermedad crónica, en el2023 será excelente para ti, ya que podrías sanar algunas de tus padecimientos. Descansar, y meditar son de suma importancia para que puedas disfrutar la vida.

La relación entre tú y tu familia será tranquila. La diversión y los buenos momentos los acompañarán.

Debes respetar a tu pareja siempre, y de establecer un sistema de comunicación para que la relación funcione sin problemas. Tus hijos tendrán un año excelente, solamente algunos problemas simples de enfoque en la escuela, pero será algo sencillo que podrán superar fácilmente

Te esperan muchas reuniones sociales, y mucha diversión.

Combinación de los Signos Zodiacales con el Horóscopo Chino

Cuando combinas los horóscopos Orientales y Occidentales, es increíble la conexión que existe y lo certeros que son.

Los horóscopo chino y el occidental son los que más se utilizan. Si tienes la posibilidad de entenderlos profundamente esto te facilitará utilizarlos y tener un enfoque centralizado.

Ambos horóscopos están basados en la posición de las estrellas, pero en el horóscopo chino se utilizan 28 constelaciones, y en el occidental 88. Los dos coinciden en que tienen12 segmentaciones esenciales. El horóscopo chino está fundamentado en 12 animales que gobiernan cada año, y el occidental en 12 signos que rigen cada mes.

El Horóscopo chino se basa en el calendario lunar, y es el horóscopo más viejo que se conoce hasta ahora. Probablemente tu signo zodiacal coincida con tu signo en el horóscopo chino, pero eso no ocurre con frecuencia. Si ese fuera el caso las predicciones serían más certeras.

Existe una equivalencia entre los signos de ambos horóscopos:

Aries/Dragón, Tauro/Serpiente, Géminis/Caballo, Cáncer/ Cabra, Leo / Mono, Virgo/ Gallo, Libra / Perro, Escorpión /

Cerdo, Sagitario / Rata, Capricornio/Buey, Acuario / Tigre, y Piscis / Conejo.

Combinaciones

Gallo

Aries / Gallo

Estas son las personas que son decididas y obstinadas. Convencerlos de que cambien de opinión se puede convertir en una misión prácticamente imposible.

Son autónomos y hábiles para guiar su vida. En ocasiones son muy tercos a la hora de llegar a un acuerdo cuando son puntos de vistas diferentes. Cuando se enamoran son fieles y celosos, y quieren que le dediquen toda la atención. Sus manifestaciones emocionales son aceleradas, e intensas. Cuando otras personas están en dificultades, ellos son los primeros en brindar su ayuda

Tauro /Gallo

Esta combinación confiere a las personas moderación. Su temperamento es muy fuerte, y versátil.

Se distinguen por su capacidad de responder a cualquier circunstancia done el ambiente sea caótico. Son prácticos, decidido y con gran fuerza de voluntad. Son personas estables y siempre leales a un líder en quien confíen. Aman la tranquilidad y son respetuosos de las reglas. Evitan las deudas, y son reacios al cambio. Les encantan el lujo y la buena comida.

Géminis/ Gallo

Estas personas son libres y les gusta expresar abiertamente sentimientos. No tienen temor de ser diferentes, con la familia es moderados.

Son sensuales y fieles, buenos padres y tienden a ser posesivos. Son emprendedores, y triunfan en profesiones relacionadas a las finanzas. Algunas veces utilizan sus cualidades para obtener sus propios propósitos y pueden recurrir a la falsedad sin perder su gracia con tal de conseguir lo que desean. Se descorazonan con facilidad cuando no reciben halagos.

Cáncer /Gallo

Una persona con estos signos le gusta que la elogien. Su intuición es tan desarrollada que le permite comprender los estados emocionales de otras personas. Es una persona confiada, comunicativa, y es interesante hablar con él. Es cauteloso cuando es necesario, saben identificarse con los demás por su gran imaginación. Son vanidosos e intentan construir su vida según un ideal fantástico. Son proclives a ser desordenados, y les gusta que los halaguen. Tienen una excelente memoria, y éxito como administradores.

Leo/ Gallo

Estos dos signos unidos hacen que la persona sea encantadora, pero con un temperamento poco convencional. Nunca dudan cuando hay que hacer una decisión y si titubean nadie se da cuenta.

Son independientes, y calculadores, características que los ayudan siempre a conseguir lo que se proponen. Saben cómo superar cualquier obstáculo sin miedo. Su autoconfianza algunas veces los conduce a la obstinación, llegando a enseñar su mal carácter, poder y arrogancia. El orgullo puede controlarlos en momentos específicos e incluso mostrar actitudes ingenuas que no les permite razonar.

Virgo/ Gallo

Esta mezcla da personas inteligentes, confiables y honestas. Se comportan educadamente, y son capaces de tener cualquier tema conversación. Tienen una intuición muy fuerte, y nunca sus opiniones son parciales.

Es sociable, comprende y entiende los sentimiento ajenos y son elocuentes. A veces es demasiado locuaz, pero sabe cómo parar a tiempo. Son astutos y, por ende, saben cómo expresar sus opiniones. Son propensos a criticar, algo que hace sentir muy ofendidos a los demás.

Libra /Gallo

Esta mezcla de signos la tienen las personas que nunca se molestan por tonterías. Son personas bondadosas y tranquilas. La fusión del Gallo y Libra crea una personalidad equilibrada. Esta combinación es perfecta ya que estas personas tienen un gran poder de seducción y son encantadoras.

Nunca se detienen hasta que obtienen el resultado ideal. Proyectan una imagen positiva, se comunican con todo tipo de personas y se adaptan a cualquier circunstancia.

Escorpión/ Gallo

La persona con estos signos es un líder por excelencia. Tienen la habilidad de reconocer las debilidades de los demás, pero no las critican porque saben que nadie es perfecto. Este individuo algunas veces tiene un carácter complicado y difícil de entender porque también algunas veces es muy orgulloso y avaricioso. Relacionarse sexualmente puede ser su debilidad, tienen muchas parejas durante el transcurso de su vida. Son honestos con sus parejas mientras el amor dure.

Sagitario/ Gallo

Estos dos signos fusionados dan una persona que es el alma de las fiestas, y la mejor compañía. Aman ser el centro de atención, sin embargo, son tranquilos y elocuentes. Es honesto, y aunque es pacífico, con frecuencia se inmiscuye en conflictos, pero nunca actúa con malicia.

Esta es la persona que trasmite optimismo, sabe cómo disculparse cuando está equivocado, y ama a su familia por encima de todas las cosas.

Capricornio / Gallo

Cuando se juntan estos dos signos la persona es habladora, pero no de temas triviales. Son moderados con sus acciones porque no les gusta dañar a nadie. Su terquedad no les permite, en ocasiones, reconocer sus errores, y son reacios al compromiso. Su paciencia es infinita y su voluntad inquebrantable, algo que les permite ser decididos. Debajo de ese escudo de ecuanimidad se oculta su sensibilidad. Saben cómo persuadir con facilidad y con su carisma es muy difícil no prestarles atención.

Acuario/ Gallo

Esta combinación es típica de personas excéntricas y libertinas. Su personalidad es irresistible y su aura intrigante. No tienen miedo ser soñadores porque están convencidos que sus ideas son las mejores, siempre están involucrados en proyectos innovadores y son ambiciosos.

Son buenos amigos, considerados, y para ellos ayudar al prójimo es una prioridad. Aunque rara vez se involucran en los problemas ajenos, si hay una injusticia ellos saldrán a defender al más débil, aunque tengan que arriesgar su vida.

Piscis /Gallo

Esta fusión da personas que ven belleza en todo, son individuos que son honestos hasta el punto de ir en su propia contra. En sus palabras hay música porque son educados, es osado a la hora de decir la verdad, aunque se expresa con mucho tacto.

Es luchador y sabe cómo elaborar un plan estratégico para conseguir sus objetivos. Tienen mucha receptividad al dolor ajeno y captan las emociones de los demás.

Ritual para comenzar el Nuevo Año Chino 2023

El Año Nuevo Chino debes recibirlo con alegría, música y una espléndida comida familiar. Es un período para festejar, y concentrarse en la suerte y prosperidad para el próximo año. Debes usar ropa nueva porque esto simboliza un nuevo comienzo. Un color resonante, como el rojo, que generalmente representa la armonía, buena suerte y bienestar, es genial para este día. Evita ponerte blanco o negro durante la espera del Año Nuevo, ya que estos son los colores que usualmente las personas visten para los funerales.

Hacer una limpieza para estar preparado para el Año Nuevo Chino, en forma de ritual, es muy beneficioso. Con esta limpieza se intenta alejar los malos espíritus que podrían estar escondidos en las esquinas de la casa. Usualmente las personas cambian los muebles o los mueven de lugar, retocan la pintura de su hogar, reparan lo que esta dañado, y lavan las ventanas con agua abundante.

Ritual de Purificación Energética

Esa misma tarde, antes de que comience el año, debes limpiar tu casa, abrir todas las ventanas para que se ventile, y poner flores blancas y amarillas en todos las áreas comunes de tu hogar. Específicamente en la entrada debes colocar incienso de canela, sándalo, eucalipto o lavanda, o un sahumerio de Palo Santo, Salvia Blanca o Vainilla.

Debes sahumar bien la casa. Sahumar es la acción de crear humo, generalmente usando inciensos, para aromatizar el medio ambiente, y para emplearlo como una instrumento de depuración y limpieza. Su particularidad es que expulsan una fragancia placentera, a la cual se le adjudican propiedades relajantes. Muchas personas usan los sahumerios con el objetivo de cambiar las vibraciones energéticas de su hogar.

Si tienes un sahumerio que vas a pasar por todas la casa, recuerda que debes realizar movimientos circulares hacia la derecha. Si tienes la intención de purificar un área personal, debes comenzar por tu propio cuerpo comenzando por tus pies hasta la cabeza, y después regresar a la parte del corazón, siempre haciendo círculos leves.

Como este es el año del Conejo es recomendable tener un par de conejos de metal o madera en tu hogar, y si tienes la posibilidad, algunos de cristal ya que estos representan el elemento del año: el agua.

Sino tienes esa oportunidad entonces puedes simbolizarlo con imágenes, retratos, o figuras. Considéralo un talismán de la suerte, porque al final el conejo se esfuerza para salvaguardar la prosperidad. Traerá mucha riqueza a tu hogar.

Otra recomendación para el 2023 es que pintes alguna de las paredes de tu hogar de azul celestial. Este color es uno de los colores de la prosperidad para este nuevo año. Mucho cuidado con atiborrar tu casa de azul, nunca debes olvidar que mantener el equilibrio es lo más importante. Si te excedes en el color azul estarás atrayendo desánimo o apatía.

Otra alternativa u opción, es llevarlo contigo, en forma de brazalete, aretes colgantes, péndulos, dormilonas, en un anillo, llavero o un talismán dentro de tu bolsillo, o cartera. Si tienes las dos cosas el conejo y el agua, esto formará una asociación de riqueza, resguardo y buena suerte en tu vida, en tu hogar u oficina. Ten en mente siempre que todo se acompaña de constancia y esfuerzo.

Si puedes comprarte unas plantas como la Albahaca que tiene una gran capacidad de generar abundancia, además de su poder para alejar y trasmutar las malas vibraciones, no te arrepentirás. Tener Jazmín sería otra buena opción, tu hogar estará siempre aromatizado y con buenas vibraciones. Debes tener jazmines frescos en tu casa siempre que tengas la posibilidad, pero lo más vital es que el primer día del año chino estén en cualquier rincón de tu hogar.

La Decoración de tu Hogar de acuerdo con el Feng Shui

El Feng Shu es una filosofía China que examina el entorno, basándose en la teoría del Yin y el Yang, y los Cinco Elementos.

Los expertos han demostrado que zonas de la antigua china eran escogidas regularmente en territorios que están circundados de montañas y tenían un río. Solamente no era porque esas zonas proporcionaban los criterios primordiales para sobrevivir, sino que lo hacían para cumplir con los patrones que establece el Feng Shui.

La idea principal del Feng Shui es lograr el equilibrio entre la humanidad y el Universo. Si existen buenas energías, hay equilibrio, ya que el Feng Shui incide en el destino de cada persona.

A través del estudio del Feng Shui, los seres humanos pueden trabajar en su compatibilidad con la naturaleza, su entorno y sus vidas, para lograr más prosperidad, y salud en la vida.

Teoría de los Cinco Elementos

La teoría de los Cinco Elementos es un componente del Feng Shui. Estos Elementos son importantes para precisar el Feng Shui adecuado en un espacio determinado. Estos elementos son: Fuego, Tierra, Metal, Agua y Madera, y cada uno tiene una particularidad que simboliza aspectos concretos de la vida.

Los Cinco Elementos son la expresión que utiliza el Feng Shui para explicar la estructura de la naturaleza, y estos elementos actúan en conjunto y siempre deben estar equilibrados.

El Feng Shui para los Doce Signos del Horóscopo Chino

Signo de la Rata

El Agua favorece a las personas que nacieron bajo el signo de la Rata, las ayuda a obtener prosperidad. Para obtener abundancia deben poner una pecera con peces dorados en la parte Norte de su oficina.

Signo del Buey

Las personas de este signo lograrán obtener prosperidad si utilizan el elemento Fuego. Para lograrlo deben poner artículos de porcelana o cerámica en sus negocios u oficinas, y en su hogar.

Signo del Tigre

El elemento tierra es el que deben utilizar los individuos que pertenecen al signo del Tigre. Deben agregar algo relevante que simbolice este elemento tierra. Una maceta con una planta, o una flor natural que crezca puede traerle la prosperidad sus vidas.

Signo del Conejo

Para tener suerte y atraer la abundancia, las personas del signo del Conejo requieren un elemento secreto de tierra en sus vidas. Debe esconder un cuarzo de jade o de Citrina en la parte Noreste de su casa u oficina.

Signo del Dragón

El Noroeste es excelente para los que nacieron bajo el signo del Dragón. En esta dirección deben poner una recipiente con agua clara mezclado con un poquito de tierra. Otra opción es colocar una Flores de Loto en un cuenco.

Signo de la Serpiente

La prosperidad llegará a la vida de los individuos que pertenecen al signo de la Serpiente si utilizan objetos de Metal, específicamente el Oro y la Plata, en su hogar u oficinas.

Signo del Caballo

El Noroeste es la posición recomendada para las personas del signo del Caballo para obtener un gran capital. Deben poner un rana de Metal en el Noroeste de su hogar o negocio.

Signo de la Cabra

El Norte es el punto cardinal apropiado para las personas que nacieron bajo el signo de la Cabra. Deben poner una cajita de madera, u otro objeto de madera, en el Norte de sus oficinas u hogar. Si utilizan una cajita de Madera, adentro deben poner un objeto afín a su profesión en la misma. Por ejemplo, un escritor puede colocar un lápiz en la cajita.

Signo del Mono

Para que la prosperidad llegue a la vida de las personas que nacieron bajo el signo del Mono, deben colocar en la parte Oeste de la casa o el negocio, una planta de su tamaño, o más grande, en ese punto cardinal.

Signo del Gallo

La buena suerte llegará a la vida de los que pertenecen al signo del Gallo, si colocan algunas semillas en un vaso, botella o tazón de color rojo oscuro. No deben utilizar nada de Metal.

Signo del Perro

Las personas que pertenecen al signo del Perro deben prescindir los elementos Agua y Tierra en sus vidas. Pueden poner troncos o ramas de plantas en su oficina u hogar, pero no pueden ponerlo en Agua o Tierra.

Signo del Cerdo

Las personas que nacieron bajo el signo del Cerdo requieren el elemento Fuego en sus vidas para traer la buena suerte. Pueden colocar una bandeja de cerámica, u otros artículos hechos de barro en sus casas oficinas. Los artículos de cerámica son pasados por el fuego para su terminación.

Acerca del Autor

Además de sus conocimientos astrológicos, Alina Rubi tiene una educación profesional abundante; posee certificaciones en Sicología, Hipnosis, Reiki, Sanación Bioenergética con Cristales, Sanación Angelical, Interpretación de Sueños y es Instructora Espiritual. Ella posee conocimientos de Gemología, los cuales usa para programar las piedras o minerales y convertirlos en poderosos Amuletos o Talismanes de protección.

Rubi posee un carácter práctico y orientado a los resultados, lo cual le ha permitido tener una visión especial e integradora de varios mundos, facilitándole las soluciones a problemas específicos. Alina escribe los Horóscopos Mensuales para la página de internet de la American Asociation of Astrologers, Ud. puede leerlos en el sitio www.astrologers.com. En este momento escribe semanalmente una columna en el diario El Nuevo Herald sobre temas espirituales, publicada todos los viernes en forma digital y los lunes en el impreso. También tiene un programa y el Horóscopo semanal en el canal de YouTube de este periódico. Su Anuario Astrológico se publica todos los años en el periódico "Diario las Américas", bajo la columna Rubi Astrologa.

Rubi ha escrito varios artículos sobre astrología para la publicación mensual "Today's Astrologer", ha impartido clases de Astrología, Tarot, Lectura de las manos, Sanación con Cristales, y Esoterismo. Tiene un video semanal sobre temas de astrología en el canal de YouTube del Nuevo Herald. Tuvo su propio programa de Astrología trasmitido diariamente a través de Flamingo T.V., ha sido entrevistada por varios programas de T.V. y radio, y todos los años se publica su "Anuario Astrológico" con el horóscopo signo por signo y otros temas místicos interesantes.

Es la autora de los libros "Arroz y Frijoles para el Alma" Parte I, II, y III una compilación de artículos esotéricos, publicada en los idiomas inglés y español, "Dinero para Todos los Bolsillos", "Amor para todos los Corazones", "Salud para Todos los Cuerpos, Anuario Astrológico 2021, Horóscopo 2022, Rituales y Hechizos para el Éxito en el 2022 Hechizos y Secretos, Clases de Astrología, Rituales y Amuletos 2023 y Horóscopo Chino 2023 todos disponibles en siete idiomas.

Tiene su canal de YouTube con temas de psicología, esoterismo y astrología, donde puedes disfrutar de videos sobre las almas gemelas, la rencarnación, el lenguaje corporal, los viajes astrales, el mal de ojo, los hechizos y muchos temas más.

Rubi habla inglés y español perfectamente, combina todos sus talentos y conocimientos en sus lecturas. Actualmente reside en Miami, Florida.

Para más información pueden visitar el website www.esoterismomagia.com

Angeline A. Rubi es la hija de Alina Rubi. Desde niña se interesó en todos los temas esotéricos y practica la astrología y Kabbalah desde los cuatro años. Posee conocimientos del Tarot, Reiki y Gemología. No solo es autora, sino editora de todos los libros publicado por ella y su mamá.

Para más información pueden contactarla por email: rubiediciones29@gmail.com

www.ingramcontent.com/pod-product-compliance
Lightning Source LLC
LaVergne TN
LVHW010502160826
845677LV00012B/2606

* 9 7 9 8 3 7 4 6 9 0 8 0 4 *